建築資産を輝かせる「こころ」のデザイン術

空間デザイン物語

影 太一

建築は人であり、こころであり、そして物語である

はじめに

優れた空間のデザインは、形状や画面で華やかに空気感を彩るだけでなく、ときに心の機微を代弁し、「空間物語」の核心を駆動させる。

「デザインする」という言葉は、形状だけでなく、すべての意味を持っている。真髄にあるのは、体と心の動きや、感情、心の持ち方。

人が意識を持って行動すると、それがデザインになり、心の中で何かを想像すれば、それもまた、デザインになっていく。
そしてそれは、ストーリーとなり、「物語」が始まっていく。

デザイナーにも専門分野がある。
病院に診療科目があるのと同じで、どの分野も全てこなせるものではない。
これまで私は四半世紀以上にわたり、建築・空間のデザインに携わってきた。

ただし、顧客から注文を受けて創るデザイナーとは、立場が異なる。

無から有を創造する、自ら土地を取得することから始まる。

そして、その資産の活用をデザインして賃貸物件として利用者に提供する。

だから、「どんな建物をつくるか」、ひいては、「どんな空間をつくるか」について、比較的自由に構想を練ってきた、といえるかもしれない。

私にとって、デザインの構想のゴールは、その建築物の完成ではなく、そこに働く人々、集う人びとの暮らしが生き生きと続いていくストーリーにある。

大切なものは、「物語」

決して具体的な建築意匠をかっこよく、定義付けるつもりは全くない。

ましてや、デザイナーの作品として、世に出したい訳でもなく、評価を期待する訳でもない。

そこにある人間の気持ちの部分がどうあるべきなのか、居場所を見つけられるのか、人間らしさ（Human nature）に対してデザイン表現してきたつもりだ。

時代と共に空間デザインも進化し、若いデザイナーもたくさん活躍しているが、経験には年数が必要。

私はそろそろ後継者に引き継ぐ時が来ると思うことがある。

資産を活用したい、資産を増やしたいと考えている方にも、お伝えしたい。

だからこそ、その道のりを振り返り、デザインが私に教えてくれたことを、
私なりの「空間物語」として、綴ってみた。

「デザイン」という言葉を使って記してはいるが、

「デザイン」や「デザイナー」という言葉に染み付いている、気取ったニュアンスは好きではない。

もっともっと人間臭くていい、心というカタチの無いカタチを感じられればいい、そうありたい。

それが染みついた言葉になれば素敵だと思う。

「現場物語」に、
なんだかんだ付き合って頂いた、業者の皆様に感謝を込めて……

目次

「建物の触感　手と足」……102
——五感で言えば、もう一つ、手と足の触感がある
「心地よさの物差し」……108
——誰しも心に、自分だけの物差しを持っている

第4章　何かを得るために

「朝令暮改の現場物語」……112
——妥協しない。納得できるまで、やり直す
「伝統・習慣・常識　深すぎる思い込み」……114
——「伝統・習慣・常識」は、時代とともに変わる。当たり前とされていることを、疑ってみよう
「伝統・習慣・常識　深すぎる思い込み　その2」……122
——「伝統・習慣・常識への挑戦」

第5章　日本独自の感性とデザイン

第6章　伝わる建築

「人の心が動く『異空間』」……146
――人の心を動かすデザインを追い求めて
「デザインは先駆を生み出すものではない」……154
――新しいデザインを生み出せるのはほんのひと握りの天才のみ。しかし幸いにして、デザインは、先駆性を競うものではない。天才でない者が、追求すべきものは何か?

第7章　変化してゆくストーリーをデザインする

「建物の完成とは何か」……160
――建物には二回、「完成」がある
「変化してゆく建物とデザイン」……162
――経年変化との付き合い方
「デザインを生かすも殺すも、人次第」……174
――それを使う人がいる限り、建物のデザインは続く

第8章　作り手の心得

第9章　賃貸マンションとの出会い

§コラム§

第1章　場所（土地）との出会い

「空間の読解」
——土地を見て、心で建てる

始まりは、何もない。

ただの更地、殺風景な野原。人にはそんな風に見えるかもしれない。

けれども、土地の前に立つと、突然、「ここに、こんな空間を作りたい」という、インスピレーションが降りてくることがある。

売りに出された土地に朝、昼、晩と足を運んでみる。時間の推移は、躍動につながる。

太陽が、月が、雲が、風が教えてくれるものがある。

この土地には、何がいいだろうか、この土地にはこういう店舗が向いていていて、
これをやればうまくいくのではないか、人々の笑顔が踊りだすのではないか。

想像しているうちに、いつしか土地は、地面ではなく空間になる。

そして、
どういう人がこの空間に働き、どんな表情を見せてくれるのだろうか、どんな人がこの空間に訪れ、
非日常を感じてくれるだろうか、笑顔で来店してくれるだろうか、気に入ってくれるだろうか、
空間に心の動きを想像する。

自ずとメインに据えたい業種がいくつかイメージされてくる。
「花屋さんがここにあった方がいい」、「エステがあった方がいいよな」。
おしゃれな空間を作るというだけではなくて、
そこに集う人たちの居場所となる場所が見えてくる。

その土地で営まれる暮らしのイメージを先行させる。
地域に愛される景色は、人と人が出会い、つながる場所。
「行ってみたい」から「また行きたい」へと「物語」を繋げてゆく。
それを具体化していくのが、空間の読解。
そしてそれが、最初のデザイン。

§コラム§

「空間」はすべての原点

「空間」の〔空〕の文字を置き換えると、その奥の深さが見えてくる。

目にする形状だけでなく、時間、自然、感情、香り、空気感……
すべてがデザインに繋がってストーリーの景色になる。

広間 土間 客間 京間 洋間 居間 寝間 仏間 板間 一間 二間 欄間 借間 貸間
人間 世間 手間 仲間 隙間
鈍間 不間 夜間 合間 昼間 晴間 風間
時間 期間 瞬間 週間 月間 年間

「点と線から面へそして調和への想い」

――頭のなかで、組み立て現実の景色との調和を判断する

選んだ土地に、これからできる空間を思い描く。心の中で想像するのは、物語。難しいが、楽しいもの。コンセプトが決まっても、すぐには形が生まれない。

自然の風や光を感じたり、「こうしたい」、「こうありたい」と考えたり、「この業種に合うのは、どんな建物だろうか」と思いを馳せたりしているうちに、やがて、心の中に建物の姿が具体的に浮かんでくる。

心に従い、頭の中で絵を描く。

点で組み、線で結ぶと、面ができる。面に凹凸を作れば、動きが生まれる。

常に頭の中にあるのは、そこに人がいるということ。

生き生きと、人と人をつなぐ物語……。


すでにある、周りの景色との調和は重要な要素。

借景をすることもあるし、その逆に、隣の土地をどう切り離すかに、頭を悩ませることもある。

景色によればその場所を断念する。


そうして少しずつ、頭の中の空間が、背景を伴った姿になってくる。

§コラム§

土地って一体、誰のもの？　「所有」＝「賃貸」

土地の所有者の多くは、その土地を「自分のもの」だと思っている。
しかし、本当にそうだろうか？

土地の代金を払って「取得」したときには、不動産取得税を払う。
先祖からの土地も相続で「取得」したときには、相続税を払う。

それで終わりではない。

「所有」している間は、たとえ更地であっても、毎年、固定資産税をいつまでも、納め続けなければならない。

例えれば、賃貸物件の初期費用と家賃のようなもの。

また、建物を建てる、駐車場にする、農業をする、サラリーマンが住む、何にしても、そこからお金を生めば、所得税、法人税、事業税を収める、言葉は悪いが出来高払いの上納金。

これらを納めている以上、
「**土地を国から借りている**」と言ったほうが、実態には近い。

先祖代々守ってきた土地を守りたい、という価値観もあるかもしれない。
一方で、もし「先祖が長年、国から借りてきただけ」と割り切ることができれば、この土地を固執するか、返却するか、過去に捉われずに選択できるだろう。
勝手な考えだけどそのほうが、身軽に生きられるのではないだろうか。

土地も生き物、所有欲に固執するより、
利用されることを望んでいるのではないだろうか。

税金一覧表

取得時の税金の種類

不動産取得税

登録免許税

印紙税・消費税・保有の税金の種類

固定資産税

都市計画税

収益の税金の種類

住民税・事業税・所得税・法人税

売却の税金の種類

譲渡所得税・印紙税・登録免許税・住民税

相続税・贈与税

第2章　人との出会い

「ゼロからの出会い・夢への手助け」

――出会った人の夢に、ゼロから関わりたい

人との出会いは運命でもあり、必然でもある。

出会いには、大きく分けると二つの道がある。


一つは、開業を目指している人が、不動産屋さんに紹介されて、建築デザインを依頼されるもの。この場合は、本人の中に、既にある程度イメージができている状態で会うことになる。

もう一つは、まったく偶然の邂逅から始まるもの。

この場合は、なんの前触れもない状態から、突然ストーリーが生まれる。

あるとき、ショッピングセンターでベーグルを焼いて売っている女の子に会った。

心が惹かれる仕事ぶりに接して、ふと、構想中の空間に、「この子の店を出したいな」と思った。

そこで声を掛けた。

本人にしてみれば、まったく予想外のところでそんな話を持ちかけられて、
驚きと、「本当に、自分のお店が持てるのかな？」という心の動き。その心が原点。

それがステージの始まり。

店舗が完成し、お店が開き、そして続いてゆく。

出会いから、デザインが始まるのだ。


ゼロと出会い、その人の夢を形にするのは、デザインの真髄だと思う。

ステージとなるロケーション

ベーグル［Pole　Pole］

「事業をすると言うことは自分の居場所を見つけること」

——自分に合った居場所は老若男女・年齢・家庭が根本となる

私は、ビジネスと言うより、人との出会いが必ず先にある。

フリーマーケットでアクセサリーを売っている人に声をかける、飲食店や美容院、
いろんなお店に行けば働いている人に声をかける。闇雲に声をかけるわけではない。

一生懸命に働いている人は、どこか自分の居場所を探しているように見えるから声をかける。

応援したくなる。不思議なものである。


現実には独立するにはハードルが高いと言い、諦める人も多い。

しかし自分に合ったハードル（事業）を見つければいいと思う。

職人技術より先に、自分の置かれた日常環境を理解すれば、自分に合った居場所が見つかる。

思う存分、探求心を発揮できる場所が見つかる。

男性か女性か、独身か既婚か、主婦か、世帯主か、扶養人数は、子育ては、年代は二〇代、三〇代、四〇代、五〇代、六〇代か、はたまた、収入はいくらほしいのか。それぞれの立場から居場所を探すのが根本、それを見極めて判断させてもらう。

例えば、五〇代男性で扶養が多い人は、お断りするが、二〇代独身なら可能性があるとか。六〇代と主婦以外には厳しいだろうとか。他の物件の規模、業種ならできそうとか。

いろんなお店があるが、形態や種類、規模、客層、場所、システム、売り上げ、従業員数等々で運営できそうな人というのは、実は既に決まっているのである。

声をかけてそんな話をする。現実と夢とを結びつける判断が出来れば、居場所を見つける応援ができる。

「居場所をどこにするか、選択のもとになるものは」
——都市データと地震保険料

「場所」の選択は経営に影響する。
人の通り、沿道、住宅街、ビジネス街、細かい要素はたくさんあるが、この選択はそれほど難しくない。

最も重要なことは、「地域」の選択。
日本地図を広げて、広い範囲での選択だと思っている。

一つは、右肩上がりの都市を探す。
都市の成長は、個人事業の成長とリンクする。

東洋経済社都市データ、日経新聞の経済欄はヒントをくれる。

例えば、半導体インフラ整備支援を注目してみると、北海道、岩手、広島、熊本があげられる。

注目は熊本だが、九州はシリコンアイランドとして全県に半導体ラッシュである。

その企業とそれを取り巻く関連企業までも建設されていく。


もう一つ、災害のリスクの少ない都市を探す。


地震リスクは、保険会社の地震保険料率表で判断する。

つまり日本全国、地域によって地震保険に格差があるのです。

津波、南海トラフ、活断層リスクの少ない地域へは、自然とデータセンターなどが集まってくる。

そうは言うものの、日本のどの地域で人生を過ごすのかという問題なので簡単ではないと思う。

住みよさランキングもあるので都市データを眺めてみることは重要ではないかと思う。

出展：東洋経済新報社
『都市データパック 2023』

「東京の偉大さと地方の偉大さ　選択のもとになるものは存在感…」
——鶏口となるとも牛後となるなかれ

東京で一番にはなれないが、地方では一番になれる。
東京は、賢い人、お金持ちが桁外れて多い。
競争が厳しく、人口が多いだけに、色んな意味で薄まってしまう。

地方は、頑張れば手が届く確率が高い。存在感は、薄いより濃いほうがいい。事業もしやすい。
地方で１億円以上稼ぐ企業の数と、東京で１億円以上稼ぐ企業の数は、あまりにも開きが大きい。

地方の魅力を再考することは、事業だけでなく、家庭や人生の存在感を高める力となる。

一番は、右肩上がりの地方であること。それを見つけ出すことは運命的でもある。

「デザインを描くキャンパスを選ぶ、そして筆は自ら作り上げる」

――東広島市の発展性の選択

「場所」の選択は経営に影響する。

最も重要なことは、「地域」の選択だと前に述べた。


私の経験をお話しします。

二〇代後半に東京から出身地である東広島市に戻ってきた。

それから数年後には、都市成長率のトップ5にランクされ続ける街になっていくのであった。

広島大学、後には近畿大学、摂南大学系の広島国際大学。

マツダの下請け企業、シャープ、ＮＥＣ（現在はマイクロンメモリー）。

街を引っ張ってゆくものが揃って行くのである。人口も倍に膨らんだ。

新幹線の駅もあと付けされた、いまだに人口は増え、二〇一七年にもＪＲ在来線の駅が新設された。

賃貸マンション、テナントの需要が増加する街なのです。

今から考えると確たるものはなく、運といったほうがいいのかもしれない。

しかし結果的に自然と「地域」を選択できていたのだと思う。

つまり、デザインを描くキャンバスを自然と選んでいたのだ。


当時私は、アセット・マネジメント、プロパティ・マネジメントに取り組み、それを支えるのはデザインすることだと常に意識していたのを覚えている。

実際、賃貸建築と資産運用の会社の所長をしたことが後々に多大な影響を与えることにもなった。

資格もマニアのように取りまくった。我武者羅に建築本、デザイン本、経営本を読み漁り、東京、大阪へ講習会にも足しげく参加した。

そしてキャンバスに描くための筆が出来上がっていったのだ。

「情報は自分で氾濫させる　未来は挑んだ先にある」

――目の前を飛んでいる情報を見つけて掴みとる

よく、アンテナを張ると言うが、その前に、たくさんの情報の電波がいる。
情報は、努力しないと飛んでは来ない。

デザインすることは、情報の収集と言える。
空間デザインのことだけでなく、なんでもいい情報を掴んでは、脳の内に放り込み氾濫させる。
そして消去法でまとめていく。

日経新聞、地方新聞、業界誌、Ｗｅｂ、吊広告、人の服装、髪型、なんでも目に入るものは情報としてインデックをつけて放り込む。

耳でも収集する、特に人との会話が重要。
相手から貰う情報を会話の中で咀嚼し、相手に返す。

このくりかえしは、楽しいもので、役に立つ。

だからこそ、会話の話題を創るような空間のデザインの仕掛けをする。

手書きの壁画

北斎「五百羅漢寺のさざえ堂」
版画の中の欄干と２階の欄干を重ねる
北斎版画に入り込む

化粧室の隠し扉とスイッチ

「主婦を輝かせるデザインとは」
――ステージの主役を演じる

主婦の開業を後押しすることも多い。
主婦にとって、家庭の外に「自分の居場所」を見つけることは、置き換えれば心の居場所、心のステージを見つけることになる。
そして、素敵に輝ける夢のステージの主役を演じるのである。

お店を持つと言うことは、売り上げだけではなく、そこに潜在する、夢や、心といった気持ちの部分に重要な要素が、実は隠されている。

現実的だが、家庭という主婦業のハードワークの息抜きにもなるし、お店で子育てしながら営業する判断もできる。

つまり、心の居場所は何十万の売り上げにも相当するのだ。
お金だけが、価値判断の基準でははない。
いろんな人の思いに触れて、原点から、夢の実現に関わる。
建物を貸す、ということは、夢を貸す、心の居場所を貸すこと。
夢を実現して、いつまでもそのステージで主役を続けていてほしいと思う。

ステージの主役　ガーデンプレイス 「フローリスト　リーリエ」

KUULEI

夢のステージ

子育て

「経営をデザインする」

――コストと売上はリンクしない、リンクするのは創意工夫とたくさん考えること

デザイナーは、いい作品を作り、評価を受けたい。それにはコストがかかる。

コストをかければ、いい作品ができるのは当たり前。

しかし、いい作品を作れば、売上が上がるというわけではではない。

例えば、美容室、特に内装にこだわるお店が多いが、実際、規模にもよるが、

予算500万でも出来るし、5，000万でもできる。

私にとって、デザインの構想のゴールは、その作品の完成ではなく、

そこに働く人々、集う人びとの暮らしが生き生きと続いていくストーリーにある、

居場所を作ることにある。

だからこそ、売り上げの予想、収支計画、融資の期間、金利、人件費、経営者の年齢、男性か女性か、本人がいくら欲しいのか、当たり前だけど、これもデザインする。デザインを犠牲にして掃除、メンテナンス費用を抑える決断もする。


金利2．2％　期間5年とすると、500万借入の場合　月額約9.万。

1，000万借入の場合　月額　約18万。月額9万、年間で108万の差が出てくる。

この差は大きい。規模、技術が同じなら売り上げは変わらない。

この提案はしないといけない。

コストと売上はリンクしないが、創意工夫と考えた時間は売上にリンクしてくる。

経営をデザインするには、知識の勉強と、経験は不可欠だと思う。

出会ってよかったと思われるようになるために。

「第一世代のデザインは、第二、第三世代とつながる」

――時間をかけたことは裏切らないし、受け継がれる

建物を作ってしまってから、テナントを募集することは少ない。

やむなく退去された後、第二世代の利用者を募集することはある。第三世代、第四世代も出てくるだろう。

だからこそ、最初の第一世代のデザインが大切だ。

その段階から後世代の利用を見越して建物をデザインする。

考えることの一番重要なことは、誰よりも時間をかけること。

時間をかけたことは、裏切らないし、受け継がれる。

努力したとか、一生懸命やったとか、時間をかけたとか、凄く曖昧な言葉で自分自身を騙さないことである。

曖昧を時間に換算するとわかりやすい。

客観的に数字にしないと曖昧は曖昧でしかなく、中途半端に終わる。結果に大きく影響するのは、時間が持つ明瞭さでしかないからだ。

デザインに限らず時間を味方につけることは、いい結果を生んでくれる。

§コラム§

時間の影響力　必ず報われる

資格取得を時間に換算する。

土地家屋調査士　社労士　中小企業診断士　一〇〇〇時間〜
司法書士　三〇〇〇時間〜
医学部合格　五〇〇〇時間〜
弁護士　一〇〇〇〇時間
バイオ　リニスト　一六〇〇〇時間〜
社長　一〇〇〇〇時間〜

一〇〇〇〇時間の法則

量より質という考えもあるが、
一〇〇〇〇時間の法則があるように、時間を確実にかければ何にでもなれる。
その可能性があるということです。

大敵はお酒かも、お酒を呑んでいるようじゃ難しい、
時間の無駄、厳しい世界です。

「リノベーションの面白さとは、デザイン的考察」
――目に見えぬデザイナーの心意気

新築だけでなく、競売建物や中古建物をリノベーションし、息を吹き込むことも多い。

この荒廃した建物をじっくり観察する。

「空間の読解」(前章同様)の始まり、何故こうなったのかが、見えてくるまで考える。
最初に関わったデザイナーの心意気を見つけようともする。
ここがリノベーションの面白さの始まりである。

壁を壊すと、出てくる建設時の空気は、当時のデザイナーの戦いの匂いのように感じる。

ワクワクするが、敬意を込めて新たな空間をデザインしていく。

問題点を確実に補いながら、次に利用する人たちの居場所を作っていく。

無から有ではなく、有から有を想像する。

デザインは体と心の動きや、心の持ち方なのだと実感させられる。

Before

After

第3章　五感をはたらかせて

「白のメッセージ」
——白の持つ力

空間の読解ができて、人々の営みがイメージできたら、いよいよ、建物の姿をより具体的に考え始める。

そのときに意識するのが、五感である。


空間を変えるものとは、色であり、音であり、匂いでもある。

それらの使い方によって、景色は七変化する。


まず、建物の色は、そのイメージを決定づける。

私は白をよく使う。白は単純でもあるが、汚れやすくて、メンテナンスの面では厄介な色でもある。

それでもやはり、基調になりえる色は、白のほかに無い。

黒い建物や赤い家を想像すれば、白との違いがすぐわかる。
色のついた建物は、どうしてもその色の持つイメージにしかならない。
見る人の邪魔をせず、自由な発想を妨げない白は、私にとっても、
建物の入居者にとっても、想像をかき立てる色である。

§コラム§

白いウエディングドレスは、ステージの始まり

白からのメッセージ、物語が聞こえてきませんか……

「窓は、建物表情と目で観える感情力学を表現する」

——窓は二つの顔を持つ感情のアート

「窓をどうするか」。デザイナーが頭を悩ませる問題だ。

建物の外観を大きく左右するのが窓。

配置も重要であるし、四角い窓にするか、丸い窓を使うかで、雰囲気がガラッと変わってしまう。

建築基準法、消防法の規制を受ける中でどう表現していくか……

建物の外側から見える窓を外壁に意匠的にデザインする。

人間の顔の表情作りに似ている。

夜はまた別の感情を持っている窓

「人間の目の役割の窓」

建物の内側から窓を通して見える景色も考えなければいけない。
つまり人間の目の役割を持たせる窓を創造する。

窓という目を通して、木々の緑、風、夕日の自然、壁、車、橋、屋根の人工物、通行人の表情も、
四季折々も、感情として見えるように考える。

働く人、訪れる人、一瞬でもいい、
窓の目を通して感情を動かせてくれれば素晴らしいと思う。

あえて外の見えない
高い位置に、
あかり取りとして窓を
使うこともある。

外壁窓は、建物感情のアートとも言える。
内壁窓は人間感情をくみ取るアートだと思う。

「階段は一番の空間演出」
——縦に伸びるオブジェ

階段には、五つの楽しみがある。

一つ目は上がる前の全体像、二つ目は、最初の一歩の感触、三つ目は手摺の感触、四つ目はたどり着く直前の感覚、五つ目は、下りで見る階下の風景と思っている。

一段ごとのオブジェを組み立てる感覚で、心のアートだと思える。

「光の持つデザイン力」

──お昼の蛍と夜の物語

光のデザインには、自然光を取り込むことと、照明によって光を創ることが含まれる。
自然の光を取り込むのは、窓からだけではない。
透明な瓦を使えば、窓から入る光とは雰囲気の異なる光を演出できる。

照明器具を置く場合は、ただ光れば良い、明るければ良いというわけではない。

最初に色を検討し、情景ごとで使い分ける。

特に電球色は、周りが明るくても、ちゃんと耀いて人を惹きつけてくれる。
だから昼間でも営業していれば、入口の照明を点灯させる。

正にお昼の蛍…

Thank you
for coming
CONFORTABLE
LIFE

そしてまた、明るくするための器具というよりは、何かを感じさせる器具を、
あるべき場所に配置したい。
そして、自然光や照明器具を利用して、景色をつくる。

一方で、夜の照明は　昼間とはガラリと違う顔をさせる。
一つの仕掛けが、そこで働く人の心の居場所の雰囲気を変えてくれる。
どこか自分に風情を重ねられたら、「**夜の物語**」**が始まる。**

「**脳に爽やかな風**」

——体が風を感じなくていい。心が風を感じればいい

風は、新鮮さを吹き込んでくれる。

建物に住む人や、そこで働く人々が、ふとしたときに風を感じられるようにデザインしたい。

といっても、本物の風に吹き付けられる必要はない。


例えば、ゆらゆらと風になびく枝葉を窓越しに見れば、風を感じることができる。

目で見て風を感じること。それもまた、「風通し」になる。

地下や壁で覆われた空間と比べれば、
働く人のモチベーションの違いがおわかりいただけると思う。
風を作るのは中々難しいがそれもデザインで解決したい。

「音楽のデザイン力」

――人間は耳で自分の世界を感じている

空間のデザイン物語に、ＢＧＭは欠かせないと思っている。

だから設備を織り込む。


音楽一つで、空間の雰囲気はガラリと変わる。


事務所、歯科医院、飲食店、バー、美容院、マンション共用部、エントランス・・・数々設置してきた。

それは、オーナーの運営方針を手助けしてくれるものだと思う。

例えば歯科クリニックでは不安を和らげる曲、エステではヒーリングで空気感を操る。

季節ではクリスマス、お正月、世間的にも普及している。ある意味洗脳。
けれど、心を彩り物語を演出することができる。

また、働く人に合わせた曲選び、訪問する人に合わせた曲選び、
空間を共有する人にあわせた曲選びも重要になってくる。

時々で簡単に変えられるＢＧＭの利点は、空間デザイン最大の武器かもしれない。

だから、建物のどこにどんな音楽を流すか、業種の方向性をどの景色にするのか。
運営の可能性までデザインする。

深夜ＢＧＭは防犯にも役立つ…

「自然の和響き音物語」
——自然は音楽を奏でる

自然の音に魅了されることも多い。
風の音、虫の音色、鳥の鳴き声、蛙、生き物すべてが自然の森のオーケストラ、演奏家ともいえる・・・
それも公演日、公演時間も設定されている。

夏の夕方の日暮、月夜、これが演奏会のスタート時間。
タイミングといい凄く素敵な演奏の始まり。条件悪ければ中止。
これは真似できない自然のデザイン物語。

しかし、空間デザインで、作れる音情色もある。

例えば雨音、雨どいをあえて取り付けないで瓦から滴り落ちる雨水。
この雨しずくを、受け取る地面に配置する石、甕、草木。
音程を考えデザインする。

石のサイズ、水盤と水草、音が変わり、何が出てくるか。

どの部屋で聞くのか、どの窓で見るのか。どんな気持ちになるだろうか。


また、雨どいを伸ばし、縦どいを省いて甕に落とすこともある。

聞きたいときに聞くのではなく、雨の演奏家である以上、公演日、公演時間は自然に任せる。

出逢える偶然、心が指定席を用意してくれれば、演奏に浸ればいいだけ。


静寂が条件になるので、テナントを選んでしまう。

住宅は、庭園計画と共に自然音をデザインする。


庭先に演奏家を配置できれば、偶然が心を引き付ける「和響き物語」

§コラム§

和の水音の世界

ししおどし（鹿威し）水琴窟、庭園の滝、石樋の涼、湧水（わきみず）、
手水（ちょうず）に竹筧（ちっけん）、蹲踞（つくばい）に竹筧。
自然が時を左右する。
自然の和の水音和の変化に耳を傾ける風情。

水、竹、石、甕見事な組み合わせの景観と音の和デザイン、
世界に誇れる和の水音の世界だと思う。

「香りはどこから来るの？　探りたくなる好奇心」

——消えゆくその前に、タイミングよく好奇心を宿らせる……

香りは、「瞬間」と「どこから来るの」がとても重要だと思う。

創作懐石料理で、おしぼりに檜の香りをつけて出してくれる。
手に取った「瞬間」に感じる香りは、料理への想像を広げる。
店主の想いをこのタイミングで感じ、無意識にでも反応する。

店主がデザインしたワクワク感と緊張を感じ、
これから出される料理のストーリーを楽しみに待つ。

がんねん　瀬川

「香りは、時間と共に薄らいでゆく、その先は……」

——香りのデザインはその先へのプロローグ……

建物にも、香りがある。内装に木を使えば木の香りがある。
やはり時間と共に薄らいで消えてゆく。

だからこそ、人が香水をつけるように、建物にも香りをデザインする。

テナントに、パン屋さんがあったらいい「味の香り」になるな、相乗効果も期待できるな、
ということを考え、テナントのストーリーを組み立てる。

好奇心を宿らせ、ワクワク感と緊張感、香りから、「五感物語」を始めていく。

少し苦労するのは、焼き鳥、カレー、ラーメン。

「味の匂い」……
「味の香り」……

どちらの表現か、自問自答することになる。
「味の香り」と表現できるモダニズムの切り口でデザインできればいいのだけど。
オーナーと同じ方向を向くことは結構難しいことも多い。

しかし、
カレー屋さんはテナントの一員として「香りの物語」を演じている。

「建物の触感　手と足」

——五感で言えば、もう一つ、手と足の触感がある

「手で感じる」

手を触れると、手の感触を感じて心を通じる。恋愛も…

だからドアノブは、じっくりと選ぶ。なにせ最初に見つけて、最初に触るものだから。

働く人にとっても、仕事初めは挨拶のような感覚で触れていく。

玄関、トイレ、各部屋も意味のあるドアノブを考える。

鍛冶屋さんでオリジナルを作ることもある。

どの部分を触るだろうか、どう握るだろうか、それがどんな心に影響するだろうかと……

逆に自動ドアで接触をしない選択もある。

「**足で感じる**」

歩いたときの踏み心地を考慮する。
柔らかいクッションフロアにするか、店舗用の硬い床にするか。
毛足の長い絨毯がふさわしい部屋もあれば、木材を貼るのが好ましい場所もある。
つややかなタイルにするか、滑り止めのついたタイルにするか。
靴音はタイル床からのメッセージと捉え、あえて消さないデザインもある。

ルブタンで歩く音も景色に…

足音の想像 1

足音の想像２

§コラム§

建築は記憶には残らない、心の記憶が残ればいい

職業病で、建物に入るとつい、デザインした人の意図や気持ちを考えてしまう。
ああ、ここ、工夫したな、いいな。ここにこれがあるのは、こういう意図だな。
さらには、壁紙のメーカーと型番まで分かってしまうこともある。
それが幸せなことかどうかは、よく分からない。

普通、人は、レストランへ行っても、翌日には壁の色さえ記憶にない。
デザイナーが考えた細かな具象はまず記憶にない。
それが当たり前だと私は思う。

真髄にあるのは、体と心の動きや、感情、心の持ち方。

「行ってみたいではなく、また行きたい」「思い出作りの場だったな」
それが心の記憶に残れば素敵な物語。

デザイナーが考えた、気づかれない細かな具象が、そうさせる手助けになっているのだ。言ってみれば影の演出家でもある。

もし意識して建物を見れば、何らかの気づきが生まれるはずだ。そこに面白さを感じることができれば、デザインの楽しみが一つ増える。

「心地よさの物差し」
——誰しも心に、自分だけの物差しを持っている

ここまで、私が、光や音を利用して、人々の五感に訴える仕掛けを書いてきた。

一方で、その建物を利用する人が、受動的である必要はない。

誰しも、自分の心の中に、自分だけの「物差し」をもっている。

そしてそれは、何にでもあてることができる。

「事業をすると言うことは自分の居場所を見つけること」

そのために使ってほしい。

自分の置かれた日常環境を理解し、物差しをあてる。
自分に合ったハードル（事業）を計測し高さを見つければいいと思う。
目盛りがぶれないように……
目盛りは、考える時間によって正確なものになっていく。
自分だけの物差しを意識することができたら、
五感をはたらかせて心地よいものを作り出せるだろう。
自分が心地よいと思う景色を、心の物差しで作り出せたら幸せだと思う。

§コラム§

五感でこころ遊びを楽しむ

五感のデザインは、建築に限ったことではない。

身の回りにあるものすべて、空気でも何でも、自分から進んでデザインをしてみる。必ずしも、物体そのものをデザインする必要はない。

心に香水を作るのも、その一つ。

田舎の香り、月の香り、夏の香り、潮騒の香り、レモンの香り、数々……

感じることができれば、こころを動かす香水になる。

心のスピーカーを鳴らしてみるのも、その一つ。

私は、誰かと会話しながら、相手にしっくりとくる曲を流すことがある。
自然と流れてくることもある。

例えば、街で出会った素敵な女性、もしくは男性に、心の香水を感じ、音楽を流す。
何を選択するかでイメージがガラッと変わる。
五感のデザイン力。こころ遊び。

もしも、無意識で、自然に香りと音楽を感じたなら、
それは恋へと進化するだろう。

第4章　何かを得るために

「朝令暮改の現場物語」

――妥協しない。納得できるまで、やり直す

いろいろと建物の構想を練り、これで、と決めたつもりでいても、実際に形を作っていくと、途中で「おや」、と思うことがある。

「違うな」と感じたら、妥協はしない。

例えば、クロスを貼ってしまったあとでも、全部剥がして、貼り直す。

経費を心配して心に収めるでは、デザインしたとは言えない。

まさに、朝令暮改。その繰り返しだ。

私の指示に左右される「現場物語」は、さぞ大変だろうと思う。

それでも、軌道修正を繰り返さないと、目的には辿り着けない。

ただ、その反対もある。
予定より出来がよくて、自分になかったものが現れる。
瓢箪から駒かな、勉強になる。
机上ですべてを描いたつもりになっても、現実はそうはいかない。
才能のあるデザイナーは、それが見えるのかもしれない。
「何かを得るために、何かを犠牲にする」ではなく、
私は、「犠牲があるからこそ、得られるものがある」と判断する。

「伝統・習慣・常識　深すぎる思い込み」

――「伝統・習慣・常識」は、時代とともに変わる。当たり前とされていることを、疑ってみよう

常識とされていることは、意外に新しいものが多い。

これは建築に限った話ではなく、たとえば伝統、習慣、価値観も、時代とともに変遷してきた。

近年に作られたものも多い。

昔からの常識は、思っているより少ない。

それが分かっていたとしても、実際には誰しも、

一度染み付いてしまった常識から脱却するのは難しい。

それでも一生懸命考えていると、その常識には必然性がない、と気づけることがある。

常識を手放すことができれば、新しい構想が浮かんでくる。

建築における常識の一つに、「雨樋」がある。
雨樋の役割は、屋根から落ちる水を処理し、壁伝いおろすこと。雨の日には、
家々の軒下で、茶色い塩ビのパイプが雨水を吐き出している様子を見ることも多い。
では、この見慣れた雨樋は、どこまでが「常識」に縛られているのだろう。

雨水が壁を走ると、壁が痛む。
それを防ぐために、雨水を排水するシステムはどうしても必要で、これは常識以前の話である。

しかし、雨水をどこに流し、流れていく水をどう受けるかは、本来自由だ。

常識を疑うときに役立つ方法の一つは、昔の建物を観察することである。

例えば金閣寺にも雨樋はある。しかしその雨樋は建物に沿わず、空間を飛んで、壁から離れたところに水を落としている。なぜか。
金閣寺の金のデザインを生かすためには、壁に沿う雨樋は邪魔だ、しかし、雨水の処理は必要だ。そこで生まれたのが、屋根から伸びる雨樋だったのだと思う。

常識すべてが嘘というわけではないが、常識だけを信じると面白くない。

一度立ち止まってよく考えれば、常識に囚われていた自分に気づくこともある。
そうやって、いろんな常識を一つ一つ外しながら、新しい構想を練っていくのは楽しいものである。

画像提供　鹿苑寺（金閣寺）「鹿苑寺 蔵」

§コラム§

所変われば品変わる

ヨーロッパの城は、崖の上にそびえ立っていることが多い。

そして、その崖を見下ろす石造りの城壁に囲まれて、雨ざらしの広いテラスが設けられている。

テラスにたまる雨水は、一箇所に集められ、外壁を守るため、建物から突き出した排水口から排出される。


その排水口は、ライオンの口をかたどっていることもあるし、魔除けの意味を持たせた怪物の彫刻がなされている場合もある。

これは特にガーゴイル、と呼ばれる。

このように、雨水の排出一つとっても、国や文化によってその様式は全く異なる。

§コラム§　また今日も新たな伝統が作られた
――ブラックフライデーが輸入された伝統

伝統ってなんだろう
伝統を疑うことは少ないが、いつ始まったのか、ひも解くと意外に新しい。

恵方巻も新しく、コンビニ戦略説もある。

デザインにもそれは言えることだと思う。

伝統は、始まる時は伝統ではない。
伝統を強調して、ビジネスにもできるし、正当性な言い訳にもできる。
いつしか伝統は始まり、ありがたく信じられて行く。

伝統を先歩きさせることは、方向性を見失い、
本来の人間性を発揮できない可能性があることを
意識していたいものである。

「伝統・習慣・常識　深すぎる思い込み　その2」

――「伝統・習慣・常識への挑戦」

枯山水の常識に挑む楽しみ。

龍安寺の石庭のように、石の周りに苔を置くことはあるが、
水は常識使わない。
水とは無縁の常識を変えてみた。

画像提供：龍安寺

長屋門　新枯山水

§コラム§

自然は新建材を嫌う
――移りゆく時代

はるか昔、竪穴式住居に住み始めた時から、人類は少しずつ建物や住まいを改善し、進歩させてきた。

建物の形や建築方法だけではない。

どんな素材を使うかにも、先人の知恵が生きている。

自然の中で、自然の建材を使って建てれば、時を経て建物が朽ちても、それは人の手を借りることなく、いつしか自然に戻ってゆく。


しかし、そんなゆったりとした自然のサイクルは、昭和の時代から徐々に変わり始めた。

この頃から、物に対する日本人の価値観が変わり始めたとも言える。

大量生産、大量消費に疑いを持たず、壊れたら修理するより新しく買うことが、賢明とされた。

その価値観は、建築現場にも如実に反映されるようになった。

新建材の台頭である。
新建材とは、いわば工業製品であり、
化学繊維や人工塗料などを駆使して作られた建材のことである。
加工のしやすさ、工場生産できる手軽さ、着色の自由度の高さなどが受け、
新建材は建築業界に一気に普及した。
今では、建物には新建材を使うことが常識である。

ところが新建材には、建材としての大きな欠点がある。
耐久性が低く、長持ちしないのである。
昔ながらの天然素材を利用した建築物であれば、百年もつことも珍しくない。
一方で、新建材を寄せ集めて建てられた建物は、五十年もたせることも難しい。
人工物である新建材は、まだ、自然に勝てないのだ。
そのうえ、廃棄しようにも、腐敗しにくく、分解はスムーズには進まない。

建物としては長持ちせず、かといって自然にも還れない。自然に馴染まない、自然から嫌われた存在なのである。

もっとも、経済的な視点で見ると、短寿命が単なる欠点ともいえないところが皮肉である。永久に傷まない家を建ててしまったら、儲からない。壊れてくれないと、次が売れない。

近代の日本人は、物が長持ちすることに価値を見出さなくなったのである。

もちろん、建築に携わる人々が皆、そこまで短絡的な意識で新建材を利用しているわけではないと思う。

しかしいつの間にか、業界全体が、建てては壊れ、壊れては建てるというサイクルの中に取り込まれてしまっているのは事実である。

サイディング

§コラム§
――日常の和然

自然を感じられる素材

私自身は、できるだけ新建材でない、
古くからある天然の素材を使って建物を建てたいと思っている。

とはいえ、時代が変われば、新しい建材や調度品を取り入れることはどうしても避けられない。

例えば現代の日本では、エアコンのない生活は現実的でないから、設置せざるを得ない。

エアコンには必ず、ドレンホースがついている。

ドレンホースのカバーには、プラスチックの白いパイプを用いるのが一般的だが、
ここが工夫のしどころ。


竹を割ってカバーにしたり、竹の内部の節をくり抜いて中にホースを通したりすることもできる。

あるいは、藁で編んだ縄でホースを巻いてしまうこともある。

第5章　日本独自の感性とデザイン

「人口論的発想」
——日本の文化を紡ぐ者

デザインは自由なものでありながら、
それが生み出される土地に根付いた文化と無関係ではいられない。

日本には、日本の文化。ヨーロッパにはヨーロッパの文化。本来自由なデザインも、どの文化が背景にあるかによって、意図が変わってくる。

では、日本の文化と、その他の文化とは、何が違うのか。

一つの見方として、人口から比較することができる。

日本の人口はいま、一億二千五十万人を超えている。
それに比べて、例えば　フランスの人口は六七七〇万人あまり。
日本の文化圏にある人のほうがはるかに多い。

日本の文化の特徴は、その文化圏にある人の数の多さだけではない。
縄文時代までさかのぼれば、一万年以上の文化の歴史がある。

日本列島の地理的な条件に加えて、文化や伝統の紡がれてきた時間の長さと、
それに携わった人の数。
それらが、日本にしかない文化や価値観、美意識を育んできたのだ。

「日本人の美意識」
――和の心とは

元来、島国の日本には、和の国としてのアイデンティティがあるのではないかと思う。
それは国際化の進む現代にも引き継がれていて、意識せずとも、すべての日本の人たちは、
和の心を持っている。

言葉にするなら、大和魂、大和なでしこ。
そんな心が、根底に流れている気がしてならない。

和の感性の特徴の一つは、豊かな色彩感覚である。

古来、自然と色とを結びつけてきた日本には、
世界でも類を見ないほど豊富な色の表現がある。

紅梅色、山吹色、浅葱色、檜皮色……

色の表現一つとっても、日本の伝統は奥深い。


そして、その豊かな色彩感覚のバランスをとっているのが、

「引き算の美学」

日本に独自の「侘び寂び」の精神も、そこに通じる。

「侘び」とは、質素なものにこそ趣があると感じる心であり、「寂び」とは、時の経過によって現れる変化に、奥深さを感じる心である。

侘び寂びの世界観を代表するものの一つに、枯山水がある。

枯山水はもともと、水の乏しい京都の地に潤いを感じさせるために、砂利石で水を表現したものである。

石だけで作られた質素な庭園の中に、和の美意識が隠されているのである。

和の心を感じる例をもう一つあげるなら、「作法」だろう。
お茶の淹れ方、着物の着方、立ち振る舞いや、歩き方。
機能と優雅さが込められていて、見る人に美しさや、カッコ良さを感じさせるもの。
作法とは、ある意味デザインなのだ。

畳カウンター　茶　枯山水　　　販売　長屋門ギャラリー

「和の受容力」
――心に染みる相性

「侘び寂び」に表されるように、質素なものや、
ものの変化に趣を感じる和の精神には、ゆとりがある。
すなわち、いろんなものを受容し、吸収する力がある。
そんな日本の「和」と、西洋の「洋」の様式は、異なるけれども相性がいい。
和は、洋を取り入れやすい。

不等式を使えば、和〉洋　とも表せるだろう。

受容力のある和のテイストは、実際にその建物に入居する人や建物を利用する人にとっての、
居心地の良さにもつながる。

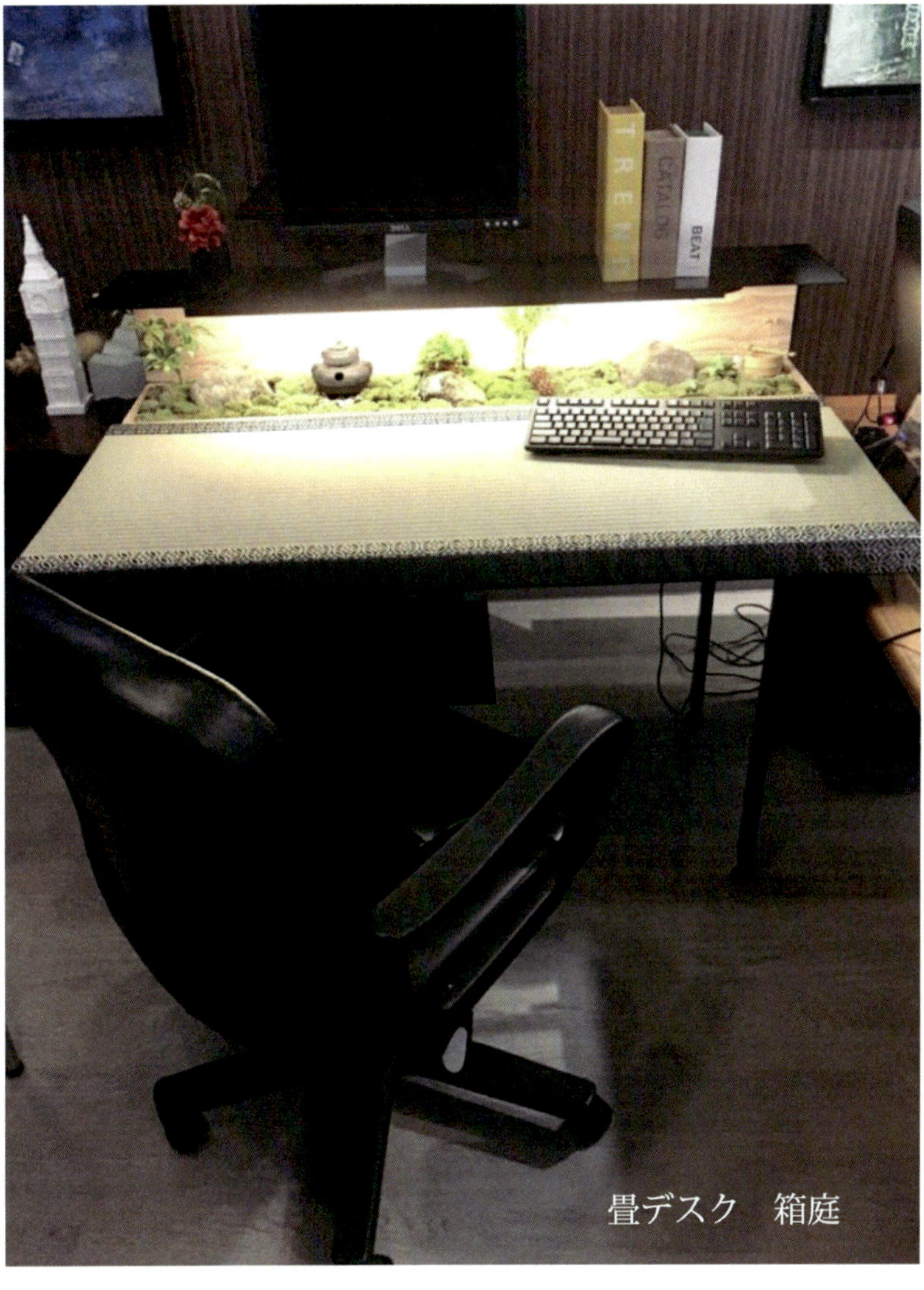

畳デスク　箱庭

販売　長屋門ギャラリー

「シンプルでも心豊かに」
——心を豊かにするために、豪華なものや複雑なものは必要ない

白い壁に、すっきりとした四角い窓。

取り立てて特徴のないデザインに、心惹かれることはないだろうか。

シンプルがいい。先ほどの「侘び」の精神にも通じる感性である。

これは、建築に限った話ではない。


趣味を例にとろう。ヨットが好きだとする。

これはなかなかに手間のかかる趣味だ。

乗ろうとなれば、まず遠いヨットハーバーに赴き、艤装に時間をかけ準備する。

セイルを張って、出て行って、帰ってきたらまたセイルを収めて、デッキを洗わなければならない。

それらの苦労を差し引いても、波の上で風を受けたときの心地よさは格別だ。

しかし、この心地よさが他では決して得られないかというと、そうでもないのが真実である。

例えば、机の上の小さな世界であっても、

プラモデルの好きな人が、机の上でプラモデルを作ってできたときの喜びとは、

実はそんなに変わらない。

つまり、特別なことをしなくても、人の心には訴えかけることができる。

人は、単純なものに対しても充分な感受性を持っているのだ。

第6章　**伝わる建築**

「無言の圧力、誰よりも考え抜いた時間がそうさせる」
――空間デザインは、平等なようで不平等な世界がそこにある

デザイナーは、自身のスタイル、醸し出す雰囲気、無言の圧力、あるいは研究心、信念を持っていないと、納得してもらうことはできない。
誰よりも考え抜いた時間が必要であり、かつ経験も必要だ。

施工主が、こまごま尋ねなくてもいい状況を作り出して、否応なしに事態を動かしていく。

仕事の場においては、平等なようで不平等な世界を作り出すことも必要なのだ。
そして、それも一つのデザインといえよう。

面白いもので、例えば対話の場面では、座る位置にも意味がある。
座ったときに、相手の画角から自分がどう見えるか。
お店であれば、自分の後ろに景色のいい庭があるか、それとも厨房が見えるのか。

画角を意識するためには、光を背にする必要がある。

自分は逆光で、相手に正面から光が当たっている状況をデザインする。するると、相手は見られている、と感じて、自然と動揺心理が発生する。

ビジネスの舞台に立つときには、雰囲気や立ち位置にも気を配って、無言のオーラを出すこと。

それによって、「この人に任せておけば大丈夫だな」と思ってもらえれば、「有り難さのデザイン」になる。そして、全力の誠意で対応させていただくのだ。

「人の心が動く『異空間』」
——人の心を動かすデザインを追い求めて

完成した建物を見た人に、「ここって異空間ですね」と言われることがある。
デザインした者としては、なかなかに嬉しい感想だ。
その人が建物を見て、「おや。何か違う」と感じる。
それは取りも直さず、その人の心を動かした、ということでもある。

心が動く、というのはとても素敵な現象で、恋愛も、友情も、すべての人間関係は、心が動くことから始まる。

そして、音楽や芸術でも、人の心を動かすことができる。
デザインでも、人の心を動かしたい。
そのために、デザイナーが特に気を配るのは、建物のアプローチ。
住居にしても店舗にしても、アプローチは、人の心を動かすための重要な鍵になる。
道路からいきなりドアを開けて入るお店には、色気も何もない。

例えば、大通りから少し路地に入っていく、足元には石畳が続いている。
そんな仕掛けがあるだけで、訪問者の受ける印象はまったく違ってくる。
訪問者が、店の門構えを見て、扉を開け、案内され席に着く。
時間にすればわずかであるが、その間に「このお店、いいかも」と、
ほんのりとした高揚感と期待を持ってもらいたい。

店と客の出会う舞台。

アプローチに、デザイナーが一番力を入れる理由である。

アプローチのデザインによって、心をデザインするのである。

Plaza
Higashihiroshima

Galle

BELLET PLAZA

§コラム§

恋もデザインできる?

恋、というのは自分の思い通りにならないものだろうか?
私は、相手の心をデザインできることもあると思っている。

感情の無い状態、「無」から、「有」を生み出す。
ただし、そのためにはまず、相手の心を動かすきっかけを作ることが必要だ。

例えば、片想いしている男性に、「私のために歌を練習してほしい」
とお願いしてみると、どうなるだろうか。

彼が最初は乗り気でなかったとしても、もし練習してくれたら、徐々に、歌詞に感情が入ってくる。
いつの間にか彼にとって、歌のなかの状況と、現実とが重なってくるだろう。

それで実際に恋が成就するかどうかはともかく、
相手の心を動かすための仕掛けは、いつでもデザインすることができる。

「何が相手のためになるのか」「相手が望んでいることはなにか」
を考え抜くことこそがデザインであり、

デザインは、人についての問題を解決することに他ならないからだ。

ちなみに、恋はデザインできるかもしれないが、愛はデザインには向かない。
「愛」の中心には、その字の如く「心」があり、相手への尊敬の念が存在しているためである。

「デザインは先駆を生み出すものではない」

――新しいデザインを生み出せるのはほんのひと握りの天才のみ。しかし幸いにして、デザインは、先駆性を競うものではない。天才でない者が、追求すべきものは何か？

デザインをゼロから作れるのは限られた本当の天才のみで、それ以外の人が作るデザインは、言ってしまえばすべて、何かを参考にして生み出されている。

だからどうしても、ヒントをもらって、借りてきたような作品になる可能性がある。しかし、それがつまらないか、というと、そういうわけでもない。

なぜなら、**新しい建物の形をつくることだけがデザインではない**からだ。

その建物の使い方、建物の中の人の動きや、そこで過ごす人の思いを見つめ、デザインに反映することができれば、独創的なものを生み出さなくても充分にいい建物になる。

実際にそこで過ごす人を中心に考えてこそ、建物を建てる意味があるのだと思う。

先駆的で芸術的な建物で万人を驚かせるのも素晴らしいことであるが、地に足をつけて、目の前の人びとに寄り添ったデザインをすることも、決して、それに勝るとも劣らない。

奇をてらった「作品」にする必要など全くない。

常に人を中心に考え、目的を見出し、その目的を達成する計画を行い、実現することこそが、意味あるデザインである。

だから、デザインに百点はない。

人生に正解がないのと同じように、デザインにも正解はないのだから。

§コラム§　パリとスペイン　心の教科書

——創造とロマンのヒントをもらう

歴史と人の心…　なんだろうこの空気感は…
それを創り出す偉大な人がたくさんいると感じる。
だからこそ、影や響、影響をもらって帰る。旅歩きは心の教科書だと思う。

画像　著者の「旅しるべ」より

7

第7章　変化してゆくストーリーをデザインする

「建物の完成とは何か」
――建物には二回、「完成」がある

建物の完成の地点は、二つある。

一つは、建物自体が概ね形になったとき、人々に利用されている様子を、イメージする。そしてストーリーを創造する。私の至福のひと時。

もう一つは、建物に人が入って、調度品が収められたとき。それは、入居者の至福のひと時。どんな風にストーリーが変化するかは、関わる人たちの心と残酷な過行く時間かもしれない。

“INTEMPOREL”　一時的
西美公二

「変化してゆく建物とデザイン」

――経年変化との付き合い方

建物は、何十年も使うもの。
だから、デザイナーの手を離れたあとのストーリーも計算に入れてデザインする。

経年変化は、それを見込んでデザインしておけば、決して悪いことではない。

わかりやすいのは、鉄の錆び。

時間が経てば鉄が錆びることは決まっているのだから、錆びたら困るようなデザインはしない。
錆びたから塗装する、だけが解決策ではないのだ。
錆びは錆びで受け入れよう。

それが予想できたら錆びることを逆手に取って、錆びを生かせるデザインをしておく。

白い建物も汚れてくるが、それが別の味になる。

植え込みの植物も、時が経てば変化してゆく。

そうやって、将来の姿を想像して、時間に伴う変化も織り込んだデザインにしておけば、経年変化も恐れることはない。むしろ、歓迎できるようになる。

さらに一歩進んで、あえて古めかしい感じを出そうと思えば、鉄を速く錆びさせる工夫をしたり、庭石に苔を植えつけたりすることもできる。

ある意味、時間を味方につけたと言える。

制作2週間　錆エイジング門扉

鉄板切り出し　オブジェ

エイジング　テラス

鉄柱　エイジング

鉄柱　エイジング

Before

After

§コラム§

鉄と御影石は昔からの兄弟

御影石の錆石といって、
花崗岩に錆びがついている石材がある。
珍しい物ではない。

もともとの花崗岩は、全体的には、
銀色とも灰色ともいえる色調であるが、

錆石は風化が進み、
黄色みがかっている。
こちらの方が、少し温かみが感じられる。

McIntosh

「デザインを生かすも殺すも、人次第」

――それを使う人がいる限り、建物のデザインは続く

建物が完成して、一番嬉しいのは、その建物を使う人が本当に喜んで使ってくれること。

もう一歩踏み込んで、デザインの意図を理解して、引き継いでもらえると、さらに嬉しい。
どんなに素晴らしい建築でも、利用する人によって、運命が決まってしまう。

実際のところ、著名な建築家が手がけた建物であっても、
引き渡したときのままずっと維持されていくことは、基本的にない。

店舗でも、住居でも、人が入れば変わってゆく。
そして残念ながら、変わるにしても、
作り手の意図に沿って変えてくれるということは、まずない。

はじめはそのままのデザインを気に入ってくれたとしても、使っているうちに、どこかで実用性を重視したり、他人の意見を取り入れたりして、デザインを変えてしまう。

それはその人の現実の暮らしにも関わっていることだから、作り手にはどうにも仕方がない。意図しない方向に進んでいても、新たなその人なりのデザインかな、と思うしかない。

だから逆に、作り手の意図を理解して、そのままの雰囲気を引き継いで使われている建物を見ると、非常に嬉しい。

実際に使用している方と話をせずとも、建物を見ればわかる。掃除が行き届いているし、丁寧に使われている。

雰囲気を維持していこうという気持ちが、建物の使い方に現れるのだ。

時代とともに調度品などは変わってくるので、
どうしても変化に合わせて行かなければいけない面もある。
それでも、コンセプトを引き継いで、丁寧に管理されている建物の姿を見ると、
喜びが湧いてくるのである。

latte art cafe Crema

latte art cafe Crema

「建物名のリニューアルの意味」
——建物名は、持ち主のステージを表す

名前には、不思議な力がある。

同じ建物であっても、つける名前によってガラリと印象が変わる。
逆に言えば、名前によって、建物のイメージをデザインすることができる。

建物は、いくつものステージを積み重ねて、時を進んでゆくものである。
時代に合った建物の名前のリニューアルもデザインが重要。

例えば、アパート名「いちご荘」を「フォレスト」に変えた。
アパートである以上、入居者募集を優先する。
そのために、名前から新しいステージを演じ始めることもいいと思う。

人の名前も、デザインの対象になる。

会社でもビジネスネームをつけて、自分のステージで自分を演じて生かす。

公私の区別を明確にでき、社員一人ひとりが様々な思いをこめて名前をつけ「会社という劇場」で仕事という芝居を演じる役者になりきるわけです。


人生は決して平らな道を延々と歩いてゆくものではない。

六十歳が一歳になる輪廻の還暦を機会に名前（呼び名）を変える。

そして、別人として人間形成をする。人生の二期作。


建物も名前を変え、第二のステージへ進んでゆく。

ステージにふさわしい名を名乗ることで、

「一体何者か」をデザインすることができると思う。

「名前、住所の持つ力」

マンションであれば、入居者が自信を持って建物名を書ける名前にしたい。

部屋番号にも気を遣う。一〇一号室なんて作らない。一〇〇〇番から始める。
ただそれだけのことではあるが、誇らしく書けるのではないだろうか。

生活の中で住所を書く機会があまりにも多い世の中、
通販から病院、学校、市役所、銀行、住民票にも記載される。
配達先の記入も自信を持ちたい。

封筒のあて名書きに書かれる建物名は、偏見と言われても、
そのイメージから連想されるものは大きい。

住所もまた、『名は体を表す』といえる。

例えば、

「○○市　○○町　大字○○　字○○」の田舎に大学を作ると、住所はこうなる。

「○○市　○○町　学園台１丁目」とか

「○○市　学びの丘１丁目」とかに住所を改名するのである。

このイメージの差は、良くも悪くも影響力は大きい。

ただ建物を立てれば終わりではなくて、

住む人や使う人の心を汲み、そのステージを作らなければいけない。

そこまで含めて、建物のデザインといえる。

第8章　作り手の心得

「アートとデザイン」
——混同されがちなデザインとアート。しかし両者は、根本的に異なる

アートとデザインの違いを、考えたことはあるだろうか。

アートは、問いかけであって、デザインではない。
作家の思いを表現したもので、相手はいない。
アーティストはひたすら孤独にキャンバスに向かっていて、完成したら誰が見るかとか、誰が買うかということは考えない。実際に鑑賞する人びとに寄り添うものではないのである。

それに対して「デザイン」は、
それを使う人との関わりやストーリーをいちばんに考える。
建物の一部にアートを感じさせるものを作ることはできるが、建物をアートにすることはない。

「目を養う、手を練る」

――立ち止まって考える。自分を耕す。かけた時間だけ、自分に返ってくる

誰しも、いいものとか、きれいなものとか、実現したいものとかに、時間を使わないといけない。

美術館に行ったとする。
歩きながら横目で絵を見るようでは、何も得られないだろう。
もし美術館で本当に何かを得ようと思ったら、作品の前で、立ち止まってじっと考える。

そして、問いかける。

心の中で、自分の頭と心が会話する時間を持つ。

そうして三時間、作品の前に佇んでいたら、何かが少し、わかるかもしれない。
美術館は一度に全部の作品を観て回る必要はない。
訴えてくる作品を見つけ会話し、時間を費やすことでいいのだ。

そして、それを繰り返す。美術に限ったことではない。

何であっても、取り組んだ時間が長ければ、それだけたくさんの答えが返ってくる。

前にも書いたが、時間が、夢を叶えてくれる。
時間をかければなんでも実現できるのである。

目を養えば、次は自然と手が動く。

自分と向き合い、目を養い、手を練っていたら、やがて脳にも爽やかな風が吹いてくる。
脳が動くと、楽しくなる。
そうしてそこから、新しい何かが始まってゆく。

§コラム§　美術館参り

美術館って、何のために行くのだろうか。
有名な絵を見るため？

私にとって美術館は、自分が好きな絵に会うところである。

岡山県倉敷市に、大原美術館という美術館がある。
この美術館で、私の好きな絵はカミーユ＝ピサロの『リンゴ採り』。
大原美術館に行ったら必ずその絵に会いに行く。浮気はしない。

やっていることは「墓参り」と似ているから、
「**美術館参り**」と呼んでいる。

誰でも、美術館に行ったら自分の本当に好きな絵を一つ決めたらいい。それを確実に覚えておく。
そして、その美術館にまた行く時には、必ずその絵に会いに行く。

その絵が、自分にとって一つの原点になる。

建築もそうかもしれない。

「あそこにまた行ってみたいよね」、と思ってもらえれば嬉しい話である。

それが、「伝わる建築」なのかもしれない。

ちなみに、自分のお気に入りを見つけるには、常設展の方が向いている。

特別展で有名な絵が巡って来たら、眺めて、「なるほどいいなあ」、と思って、それでもやっぱり、自分のお気に入りの絵のところに戻ってくる。

それが、ささやかな幸せだ。

カミーユ・ピサロ (1830-1903)
『りんご採り』1886

画像提供：公益財団法人大原芸術財団　大原美術館

「虎穴に入らずんば虎子を得ず」
――レストランを経営する

デザインに携わるということは、

色、形だけではなく、探求心、知識、経験が、求められる。

このことは、実際に経験していかないと、人を説得することなど到底できない。

内装、調度品、備品、厨房、厨房機器、仕入、メニュー、調理、ホール、オペレーション、教育、広告、看板等々あらゆることを経験した。

レストランをゼロから立ち上げてみた。

そして、そこから見えてくるものが沢山ある。

人件費、原価設定、固定費、利益の４大要素の割合パーセントは重要で苦慮もした。

これらの収支計画等々含め、知識と経験は必要なことだと思っている。
また融資、保険もこれに含まれる。
責任なくして「空間デザイン」はするべきではない。
そうでないと、作品作りで終わってしまうし、「空間物語」の継続性を失う。
実際はそこまでは、求められないことも多いが、
それを分かったうえでデザインを提案していく。
経験は自然にはやってこない、挑むものだから。

レストラン【サルディーニャ　リゾート】

Sardinia

§コラム§

料理の演出空間　アプローチから始まる　親友の料理演出家を紹介します

料理は人の心を動かす。
レストランは、喜び、楽しみ、笑い、憂い、涙、喜怒哀楽、
人それぞれの感情の居場所。
そこにデザインがあってこそ、２時間のステージの物語が完成する。
アプローチを歩くプロローグから始まる。
劇場に入り、第一幕、二幕三幕 ～、終幕。
料理のあんばい、盛り付けの構成、色、食器の形、グラスの拘り、
ドリンクとのマリアージュ、等々無数にある。
そのデザイン空間を創り出すのは、演出家たるシェフである。
レストランも演劇鑑賞だと思う。

Restaurant « KEN KAWASAKI » Paris 18e

Ken KAWASAKI
Chef de cuisine

Ken Kawasaki, from Hiroshima in Japan, is a serious, flawless chef… quiet, keeping an eye on everything. Famous in Hiroshima, he opened his first Parisian address in 2016, at the bottom of Montmartre. A very sober Japanese interior design, two chefs, two menus and, in the plate, a range of French basics which like to play shoulders with Japanese products offering incredible pairings.

「少年時代への回帰　インテリアが好きだった」

――それが仕事になる幸せ

中学一年生の暑い夏の日、

祖父が自分の部屋を譲ってやると言い出した。

「離れに移るからお前が使え」

なんでとは一瞬思ったけど……

「え、いいの」とすぐに返事をしていた。

その嬉しかった感動は忘れられない。

そして、一番に頭に浮かんだことは、部屋を独占できる喜びではなく、遊びに来た人がカッコイイと思ってくれる、人の顔、言葉、感情、生き生きとした「**空間妄想**」であった。

それが原点、思考脳が空間を意識し始めたのを覚えている。

自分と対話しているほうが多い、自分と会話している回数が多い。
イメージがいくつも浮かんできた。
空間を相手に遊んだ。それが源流になった。

その後、東京へ出るまで、インテリアをいろいろ試すことができた。

見抜いてくれていたかどうかは、わからないが、
その祖父の判断が私にきっかけを与えてくれたことは事実であった。
空間を相手にする仕事につながるとは、有り難く幸せなことになったのだ。

祖父は、離れをアトリエとし、
水彩画、油絵、ロゴデザイン、俳句を嗜み余生を過ごした。

§コラム§

芸術家のアート空間

パリ在住の画家で私の親友である**西美公二**の空間表現を紹介します。

1957年広島市に生れた西美公二は、武蔵野美術大学で油絵を専攻後中退し、1981年パリに渡ります。渡仏して45年パリでは菅井汲のアシスタントをしながら、制作活動を展開し、キャンバスなどの上に溶かしたパルプを重ね支持体として形成し、アクリル絵具で彩色する独自のマチエールを表出させる表現に辿り着きました。

2000年以降ノルウェーで見たオーロラに魅せられ、絵画空間における星座を表現していくようになります。

あまたの表現の中で、今回、紹介するのは、西美独自の空間表現「アミちゃん」。

座敷童子のように、自身の周りに頻繁に出現していた表象をイメージし表現テーマとしたものです。どこか愛らしさを感じさせる原始絵画の形象と宇宙船のような未来的形態が入り交じる、西美公二の空間表現の世界です。

作品購入問合せ　Bunkamura Gallery 8/（渋谷ヒカリエ8F）

東京都渋谷区渋谷2‐21‐1

Aurore abyssale

KOJI NISHIMI

du 22 mai au 4 juin 2024

Galerie planète rouge

KOJI **NISHIMI**

"Aurore abyssale"

du 22 mai au 4 juin 2024

de 14h à 19h (du lundi au dimanche)

Vernissage le jeudi 23 mai

de 17h à 21h

Pour cette exposition 2024, Koji Nishimi nous plonge dans les abysses des lumières polaires du grand Nord. Son travail entre peinture et sculpture reflète lumière et couleurs. Lors d'un voyage en Dordogne, les parois de Lascaux révèlent en lui l'envie de recherche sculpturale sur son support toile/papier. La ville d'Alta en Scandinavie, où les aurores boréales se reflètent sur les dômes granitiques, lui inspire les couleurs. Ses peintures sont intemporelles, abyssales et cosmiques. Au sein de son univers pictural, le temps glisse, caresse nos souvenirs, nos rêves, notre imaginaire. Aurores boréales et constellations s'animent sur une toile rugueuse aux interprétations multiples...

« Le bleu profond attire l'homme vers l'infini, il éveille en lui le désir de pureté et une soif de surnaturel. C'est la couleur du ciel tel qu'il nous apparaît dès que nous entendons le mot ciel. »

Wassily KANDINSKY

Galerie planète rouge

25 rue Duvivier 75007 Paris
contact@galerieplaneterouge.com
www.galerieplaneterouge.com
tél : 09 83 57 29 35

第9章　賃貸マンションとの出会い

「暮らしのずっとを作るのは、バランス　その1」
――不便を楽しむには、心の余裕と演出するデザイン

マンションをデザインするうえで、最初に考えることは、
「住む場所」ではなく「暮らす場所」を作る。
つまり居続けるではなく、時を過ごす場所を作ること。

五感を働かせて暮らしを演出できればいい。

例えばロケーションで言うと、
駅から三〇秒の場所より、商店街ありの徒歩で八分の場所。
徒歩で家路までの間にドラマを感じ、顔の見えるお店へと足を向かわせてくれる。

人とのつながりを求める思い、それが暮らすということ。

便利を追求することは、建築的立場から言えば必要である。設備はどんどん進化して、速さ、手軽さの追求、新築マンションも年数たてば、設備も古い不便と言われる。果たしてそうだろうか。

それは、空室をなくすための不動産業者や工務店的発想で、そこには最初からデザインが含まれてない。

解りやすく言えば、ドラマを倍速で観ると、ストーリーは解るが、味わうことはできない。

多少古くても、「味わう心の余裕」を持ってもらうために、空間デザインが必要となる。

お帰りを迎えてくれるアプローチ、玄関ホール、装飾、ＢＧＭ、香り、足で感じる絨毯、階段デザインと手摺り、廊下の装飾と照明、玄関ドア、お風呂のＢＧＭ、窓、当然間取り、遊びに来た人がカッコイイと言ってくれる、人の顔、言葉、感情、活き活きとした「空間デザイン」。

入居者が、「便利と不便のバランス」を取りながら、心の余裕を持てる暮らしになればいい。その仕掛けをデザインする。

難しいことではあるが、不便を楽しむには、心の余裕と演出するデザインが必要である。

「暮らしのずっとを作るのは、バランス　その2」
——周りの環境で付加価値をつけるデザイン

賃貸マンション、アパートを計画デザインするとき、重要に考えるのは、環境。


環境は、自然にあれば、借景として取り入れる。

しかし、大概にしてそんなにうまくはいかない。

だから、環境を創りデザインして組み合わせていく。


賃貸マンションの場合、グランドフロアには、テナントをデザインする。

イタリアン、美容室等お洒落なものをセットする。

単体のテナントでもいいが、複数店舗は、入居者を喜ばす。

しかし、テナントをセットするのは、一般のオーナーではリスクもあり、立地もあり難しい。

経営的デザイン力が必要になってくる。
入居者の「暮らす場所」を創るという**心のバランス**まで、十分に考える必要がある。

アパートの場合は、グランドフロアではなく、グランドエリアで包み込む。

周りの環境をデザインする。テナントと緑で回りを包囲する。
アパートの玄関から、エリア内のテナントや芝生のガーデンへ
散歩で行ける環境で暮らせるように…

そんな素敵な環境で暮らしたいと思いませんか。

実例を次頁に載せておきます。

実例　八本松ガーデンプレイス　居住区

23 個展・イベント
長屋門ギャラリー
個展・イベント・ワークショップ
随時開催
■ TEL　082-421-5007

16 ケーキ＆洋菓子
万国洋菓子処 C's
パティシエこだわり素材のケーキ＆プリン、洋菓子が人気。店内がかわいい。
■ TEL　082-428-8177

17 学習塾
ナビ個別指導学院
1対2の個別指導を行います。
生徒一人ひとりに合った指導方法。
■ TEL　0120-941-967

18 和食・酒
旬菜家 そら
ランチ・宴会。料理とお酒がおいしいお店。接待・宴会・御法要ご予約受付。
■ TEL　082-490-5700

19 整体院
うしお整体院 併設うしお鍼灸接骨院
各種保険適応。痛み・こり・しびれ・捻挫・打撲・骨折・脱臼・交通事故。姿勢矯正。
■ TEL　082-437-5885

21 フェイシャル・ボディ
Esthetic&Relax u.an
フェイシャル・ボディ・ブライダルエステ・ハーブティ＆アロマオイルの販売
■ TEL　082-490-3543

22 占い＆開運ショップ
LifeUp↗
占い鑑定・カウンセリングを通して人生の道筋を明確にするためのお手伝い
■ TEL　080-3888-8538

散歩で巡る HGP。

雑貨や小物を見て回るコース
9. フローリストリーリエ ⇒ 2. レセプション ⇒ 7. クレマ 2F

飲食とお菓子のコース
18. そら（和食＆お酒）⇒ 16. C's（ケーキ＆お菓子）⇒ 1.polepole（ベーグル）⇒ 6. クレマ 1F 2F（ランチ＆お菓子）

※お車は各店舗の駐車場をご利用ください。
営業時間／定休日：店舗により異なります。

8 エステ
Green&Moon
東広島初のメナードフェイシャルエステ。至福のひとときをお肌と心に。
■ TEL　082-430-4270

9 フラワー
Florist Lilie
お花やグリーンに癒されに・・・フローリストリーリエへ。ハーブティも販売。
■ TEL　080-4557-2669

10 美容室
KUULEI hair
髪のお悩みやお好みをカウンセリングしながらのカット、パーマ、カラー！
■ TEL　082-427-3233

12 まつげサロン
キッキ　よしこの部屋
まつげサロンでぱっちりお目目。カラーエクステもあります。
■ TEL　082-490-3678

13 デトックス&リラクゼーション
optimist
一人一人身体に合った施術。リラクゼーションしながらボディラインを整えます。
■ TEL　090-9462-7083

15 エアリアルヨガ
SUNNY
ハンモックを使用したエアリアルヨガ。美ボディを目指そう！
■ TEL　080-1638-1258

6 カフェ
latte art Cafe Crema
バリスタの淹れる本格エスプレッソやカプチーノ、ティーラテが味わえる人気店。
■ TEL　082-428-0646

7 雑貨・小物・洋菓子
Crema 2F
お菓子やカフェグッズ、セレクトショップの商品を販売。
■ TEL　082-428-0646

1 ベーグル
polepole
酒都西条の酒の仕込み水を使用。こだわりのやさしい味、EAT IN できます。
■ TEL　082-490-3163

2 Custom Jewelry,Fragrance,Interior,Kids.....
RECEPTION
北欧雑貨、小物、香水カルトゥージア、ひつじのショーン、オーダーのジュエリー…。
■ TEL　082-427-2007

3 ネイルサロン
S / W -syan wave-
プライベートサロンで爪先から輝こう！

4 手染め創作布花
千里・ちさと
布花の教室主宰。オーダーもあり。この世に一つだけのお花をあなた様に…。
■ TEL　080-4267-0231

OFFICE

5 中京医薬品　11 SALES SEEDS
20 シンエイ西日本　14 塚腰運送

「賃貸マンションの入居は、『需要と供給』では決まらない」
——入居はさじ加減が作用する

賃貸マンションの入居は、「需要と供給」で決まると言うのは机上の論理。

実はそうではなく人間臭いものである。

不動産業者の担当者のさじ加減で左右されるのだ。


例えば、部屋探しに来た方は、担当者に相談する。

事前にネットで決めていても、他の部屋も内見させてくれる。

気付いたら他の部屋に決める気になっていた。

これは接客が上手い人ならではの技術と、決めたくなる言葉を使った結果。

つまり提案された他の部屋は、担当者の好みであったり、管理物件であったり、押しがあるのだ。


デパート、洋服、家電、美容院、飲食等々、どのビジネスにも押しはある。

言葉の力は、決断を後押しするもので、接客業では、普通に使われている。
ただし、最後に選ぶのは本人。
こう言った知識もデザインの一つだと思う。

「目指すは、『住めば都』ではない、夢を見てもらうこと」
――入居は夢を提供すること

賃貸マンションを探す人は、頭の中は探すことが九割、日常生活が一割。
九割の脳内感情を使ってアレコレ考え、悩み、迷う。
この時の葛藤は凄まじい、対抗するには並大抵ではない。

だからこそ、最初のイメージ、夢を持てるイメージを与えて、
ツボを見つけ出してあげれるか、それが重要になる。

心が決まれば、数日もしないうちに、反転していく。
あんなに考えた九割の感情割合は、どんどん薄らいで、
生活、学校、職場、趣味、人としての暮らしが、感情の中心になり、
そして九割以上になる。

つまりアパートを決めるときには「住めば都」の生活ではなくて、「ここに住みたい気持ち」「ここに住みたい夢」をどうやって膨らましてあげれるか、その仕組みが決め手になる。

「賃貸マンションの入居者募集をデザインする」
――入居の問題解決とは、心の落ち着きどころにたどり着くこと

推しの賃貸マンションを決めてもらうためのマネージメントをする。

部屋探しをする人は物件を見ても、何かしらすっきりしないことがある。
無意識のうちに脳が活動している。
それは何かと、炙り出していけば問題点が見えてくる。
ご自身では見えないことも、迷うこともあって見つけにくいことも多い。
だから、案内者は寄り添って可視化していく。

入居に関しての問題は、完全解決することはまずできない。
解決できない問題であれば、さっさと次の問題に移るしかない。
次へ次へ、この繰り返しで解決できる問題まで早くたどり着くことだ。

誤解されては困るが、問題解決にはそれなりの予算と覚悟を持った上での話である。

自分の身を切らないで、解決することはできない。

間取りや内装の変更もデザインしながらでも付いていく覚悟である。


一つでいいから、解決できそうとなれば、探している方は自ずと心が落ち着いてくるはず。

こころの落ち着きは、解決できない問題を薄めてくれる。

そうでなければ、他所の賃貸マンションへ行ってしまう。


心のバランスで補うしかないのです。

それが、入居を決めてもらう要素になるのではないだろうか。

§コラム§

「情報・知識を得る上で会話は最も重要」——身近に存在する宝箱

知識をお互いに話ながら、お互いを高めていく。
新しいものに気づく新しい展開、知らないことへの興味。
考え方、物の見方、自分の立場、俯瞰、会話しながら色んなことを考える。
口からの音声と脳内が独立して進んでいく。それには余裕が必要。

私は、その相手は妻が一番良いと思っている。
お互い地方紙と日経新聞と毎朝読み、ニュースを見ていろんな問題を語り合う。
新聞から気づく事は違っている。共通する部分もあるが、
違ったところを語り合ってくれるのは非常に助かる。

だから身近な人にこういう人がいれば、やはり運気も上がっていく。
妻は身近に存在する宝箱なのです。

＊建築作品紹介：賀茂郡川上村大字飯田百六十一番地　令和新屋敷

この作品は、長屋門に囲まれた、四棟の建物（長屋門・主殿・仏殿・草月庵）と、三つの庭園（新枯山水庭園・日本庭園・西の石通）で構成されている。門を四方位に配置。

作品全体のテーマは「温故知新」であり、随所に日本の文化を取り入れている。このなかの主殿、枯山水庭園、草月庵のデザインコンセプトを、本書のトピックに沿って解説する。

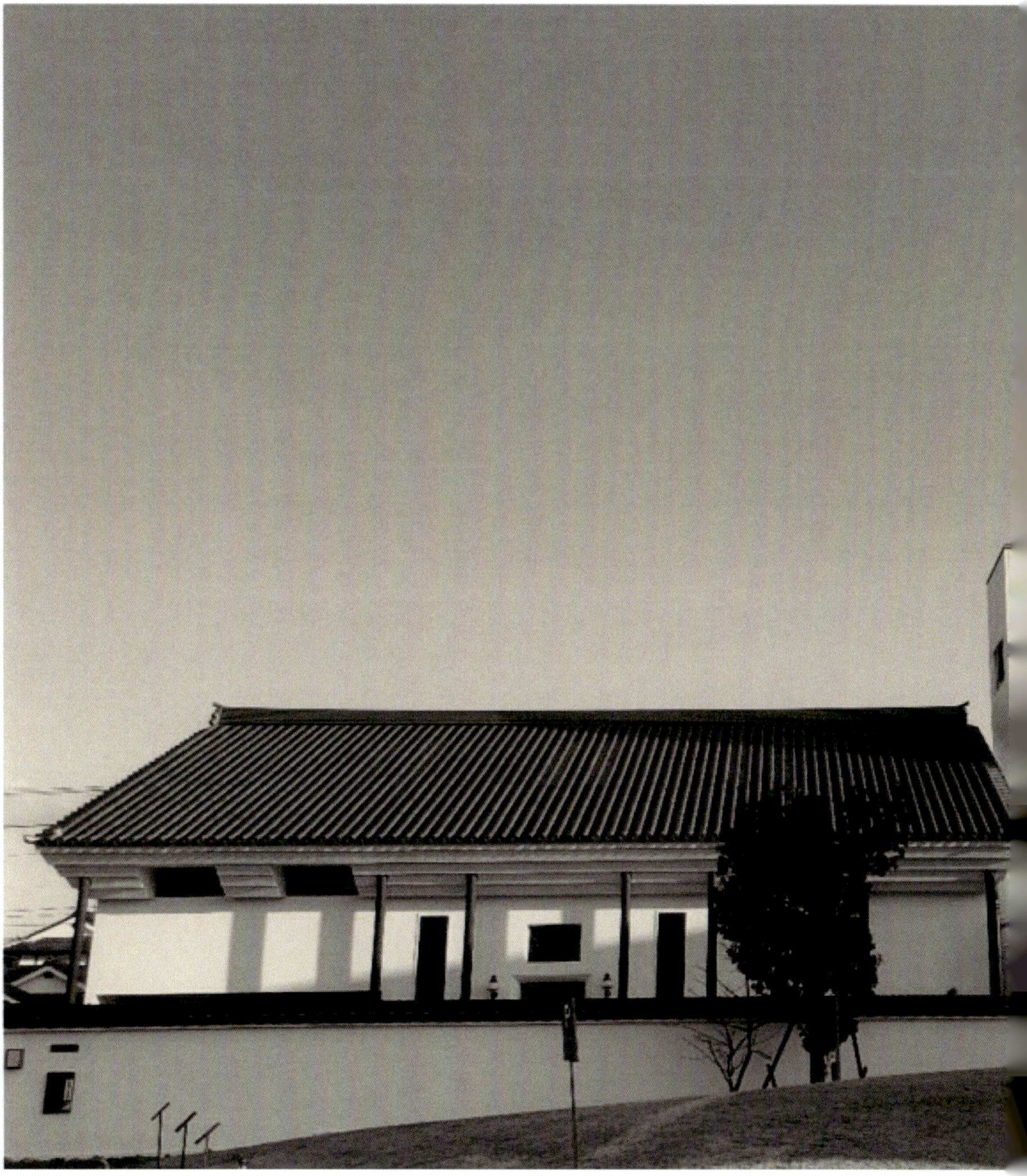

「長屋門」

「北東門」

「西門」

「南門」

「**主殿**」

平屋建ての主殿は、小屋裏の空間を高くとって屋根面を大きくし、本瓦葺きの重厚さを強調した。屋根を支える高さ七メートルの鉄柱は一六本にもおよぶ。敢えて錆びによるエイジングを施し、荘厳な雰囲気を醸し出した。

建物の雨樋はなくし、その代わりに雨受けの水盤を配して睡蓮ビオトープとした。

「仏殿」

「新枯山水庭園」

京都の白川砂一五トンを敷き詰め、六トンの舞台石を水で浮かすという、新しい手法を用いた。

枯山水が成立した室町時代、多くの禅寺が建立され、水の乏しい京都にあって枯山水庭園を作らざるを得なかった背景を鑑みて、当時取り入れることができなかった「水」をあえて取り入れた。

主殿の廊下から眺める新枯山水庭園は、白壁の背景に囲まれて、敷き詰めた砂の白さが際立ち、心の中で完成する枯山水の情景を、一層穏やかな空間へと誘う。

「**草月庵**」

この建物では特に、光と影の演出に工夫を凝らした。

建物内部から日本庭園を眺めるという構想のもと、室内の自然光を極力抑えた造りとした。

掃き出し窓を額縁として、庭園の景色を絵画のように見ることができる。

また、格子戸を自由に開閉することで、格子の作る陰影を楽しむ趣向とした。

終わりに
——「空間物語」はいつまでも続いていく

「デザイン」、あるいは、「デザイナー」という言葉は、どんな印象を与えるだろうか。

カッコ良い、おしゃれ、憧れ、特別な才能。

一般に、そんなイメージが持たれているようだ。


けれども、そんな言葉の響き、うわべだけのイメージに、惑わされないでほしい。

ここまで書いてきたように、私はそんなものを目指してデザインしたことはない。


世の中の事象はすべて、問題にぶつかり、考え抜き、そして解決することの繰り返しのように思える。

夢も同じで、夢を描き、その実現のために考え、努力して、ようやく叶えることができる。

それらの道筋がすべて、「デザイン」そのものである。


考え抜いて解決することがデザインであり、デザインする力は、すべての人に初めから備わっているのだ。

もちろん、一人であらゆる問題を解決できるわけではない。
問題の解決を助けてくれる経験者や知識人、アートデザイナー、専門業者。
それらの力を借りることも必要である。

ただし、他者の力を借りようとも、自分が主体であること、
デザインは自分の夢を叶えるための手段であることを、忘れてはいけない。

そして、力を貸すデザイナーには、「自分の作品」を作ろうとするのではなく、
本当に必要とされているものを提案することが求められる。

「砂漠で砂を売る」、あるいは「北極で氷を売る」。

これはマーケティングの命題で、時おり耳にする例えである。

言い換えれば、

「身の回りにある、ありふれていて価値のないものを、どうやって売りますか？」

という問いかけである。

そんなの無理だよ、と言ってしまったら、それで終わりである。

まずは、考えてみてほしい。


例えば、綺麗な容器に砂を入れてみる。あるいは、氷に彫刻を施す。

そんな手段を考えることもまた、デザイン。


デザインの答えは、一つではない。色々なデザインがあってこそ、面白い。

価値のないものから、価値のあるものを創り出す。
「無」から「有」を生み出す。
それが、デザインの力なのだ。

だから、デザインは、カッコいい、と思われる必要などないのである。
物事のうわべではなく、真髄を見つめてデザインに取り組むことが、良い結果を生み出す。

「空間デザイン」の構想のゴールは、その完成作品ではなく、
そこに働く人々、集う人びとの暮らしが、生き生きと続いていく、
ストーリーにあると思っている。

それが不動産価値をいっそう輝かせるのだ。

デザインに携わるということは、
色、形の表現的部分だけではなく、探求心、知識、経験が求められる。
責任なくして「空間デザイン」はするべきではない。
そうでないと、作品作りで終わってしまうし、継続性を失う。

賃貸物件であれば、なおさら利用者が継続できることが、
「空間物語」を完成させることだと思う。

最後に、デザインは独りよがりのことが多い。

だからこそ大切にしなければいけないのは心の居場所。
人それぞれに思いは違うけれども、私にとって、身近な妻の存在は大きな力となった。
その心の居場所があるからこそ全力でいられる。
有り難いものです。

建築資産は、人であり、心であり、そして物語である。
デザインはその舞台を演出する。

2024年　10月　吉日

影　太一

works

「Tenants」

HGPガーデンプレイス　EAST　A棟　B棟　C棟　D棟

HGPガーデンプレイス　WEST　A棟　B棟　C棟　D棟

HGPガーデンプレイス　コンテナ　雑貨

ログハウス

グロッソ11

グロッソ22・

グロッソ33

YAMAHAピアノ棟

芸術の森

ギャラープラザ　ビジネス1

ギャラープラザ　ビジネス2

ギャラープラザ　コンテナピアノルーム

サンファンリセス　グランドフロア5エリア

パークサイド

キュアプライド　ビジネス
ハーバードビジネス
ロデオビジネス
Ｋスクエア　飲食ビル
Ｏスクエア０１
Ｏスクエア０２
ベレットプラザ
ベレットプラザ別館
サローネＶｅｋｉｏ　美容ビル
サローネＶｅｋｉｏ　コンテナ　カフェ
緑井ビジネス
ビジネスパーク　オフィス　倉庫
ビジネスパーク　倉庫
桜ビルビジネス
リッツハウス
賀茂郡川上村大字飯田百六十一番地　令和新屋敷

「**Apartment**」
ハーバードクラブ
ロデオドライブ
ビバリーセンター
サンファンバウティスタ
パークH
キュアプライド
ブルータススクエア
ライオンズプラザ
Nスクエア　1000　2000
シェラトンP
Rシェラトン
ワシントンハウス　A　B　C

■著者プロフィール
四半世紀にわたり、建築プロジェクト・空間のデザインに携わる。不動産取得に始まり、その資産の活用までをデザイン。
無から有のこころを創り出す。
資産ゼロから 51 棟の自己不動産を一代で築く。
構想のゴールは、建築物の完成ではなく、
そこに働く人々、集う人びとの生き生きと続いていく、
暮らしのストーリーにある。
その信念で新規事業、リノベーションと向き合い続ける。
建築、内装デザインのみならず、銀行融資、資産運用、
相続、金融、開業支援等マーケティングにも精通。
広島県東広島市生まれ。

「空間デザイン物語」

影　太一

2024 年 10 月吉日

Special Thanks（画像提供、出典、他）

画像提供　鹿苑寺（金閣寺）「鹿苑寺　蔵」
画像提供　龍安寺
画像提供　公益財団法人大原芸術財団
出典　　　東洋経済新報社『都市データパック 2023』

NISHIMI Koji　　**Ken Kawasaki**　　瀬川紀彦
Bunkamura Gallery 8//Galerie planète rouge

HGP Hachihonmatu Garden Place
[latte art cafe Crema]//[Pole Pole]//[Florist Lilie]

Ｇフラン株式会社
株式会社クラレ
広島県ビル経営支援事業団株式会社
令和新屋敷 // 長屋門ギャラリー
吉田建築設計事務所
瀬戸工業株式会社

講演依頼　講座　デザイン依頼　掲載商品
Ｇフラン株式会社　082-493-6612

空間デザイン物語
　建築資産を輝かせる「こころ」のデザイン術

2025年4月2日　第一刷　発行

著　者――影 太一
発行者――高木 伸浩
発行所――ライティング株式会社
〒603-8313　京都市北区紫野下柏野町22-29
TEL：075-467-8500　FAX：075-468-6622
発売所――株式会社星雲社（共同出版社・流通責任出版社）
〒112-0005　東京都文京区水道1-3-30
TEL：03-3868-3275

装幀企画デザイン：影 太一
編集協力：川北菜月　高木悠地
装幀デザイン：（株）Tokyo Edit 大住奈保子
印刷製本：有限会社ニシダ印刷製本
乱丁本・落丁本はお取り替えいたします
ISBN：978-4-434-35605-6　C0052　¥1500E